DISTRIBUTION DE LIVRES DE:
PLURI-ELLES (MANITOBA) INC.
Unité 114-420 rue Des Meurons
Saint-Boniface, MB R2H 2N9
Tél: 204-233-1735
pluri-elles.mb.ca

A mon fils Colin
N. Q.

A tous les aînés qui, comme Arthur,
ont eu peur de finir à la poubelle
à l'arrivée d'un nouveau bébé.
L. K.

© Editions Mijade
16-18, rue de l'Ouvrage
B-5000 Namur

ISBN 2-87142-549-3
D/2006/3712/40

Photogravure HTP
Imprimé en Belgique

Natalie Quintart

Le grand voyage de Bébé Léon

Laurence de Kemmeter

Mijade

Le téléphone sonne. C'est Guillaume qui décroche.
Il y a des bruits bizarres, dans le cornet : des « glouglou »,
des « glot glot » et puis une petite voix qui vient de loin,
de très loin : « Allo, c'est Bébé Léon ! »

Comment Bébé Léon ose-t-il le déranger
alors qu'il est en train de jouer avec son tout nouveau camion!
Guillaume claque le téléphone, prend les ciseaux et coupe le fil!

« Qui c'est, Guillaume ? »
demande Maman qui est couchée dans son lit
avec son ventre énorme comme une citrouille.
« Personne, Maman, c'est une erreur ! »

Guillaume allume la télé, mais qui trône
à la place de son dessin animé préféré ?
C'est encore Bébé Léon !
« Coucou Guillaume, c'est moi ! »

Comme chaque soir, Guillaume ouvre son livre préféré,
mais qui est assis à la première page ?
Encore ce Bébé Léon !
« Rassure-toi, Guillaume, je suis très bien ici.
J'ai pas du tout envie de sortir ! »

Alors Guillaume se souvient comme il était bien
dans le ventre de Maman et il se sent tout triste.
« Pourquoi tu es triste ? Tu veux retourner dans le ventre ?
Eh bien viens, je t'invite. »

Ça y est, Guillaume est enfin de retour.
Il avance avec ravissement.

Tout à coup,
il aperçoit dans la pénombre
une petite forme qui s'agite dans l'eau.
«Bienvenue chez moi!» dit Bébé Léon.

Mais Guillaume se sent un peu à l'étroit.
« Je ne me rappelais pas que c'était si petit. »
« Moi, je ne t'imaginais pas aussi grand… »
« C'est normal, je suis ton grand frère !
Eclaire un peu, que je te voie mieux… »

«Hé, tu n'es pas si petit, finalement.
Mais… c'est ma lanterne, je la reconnais,
elle est toute cabossée.»
«Tu es sûr que c'est la tienne?»

«Je me souviens, le jour où je suis sorti du ventre,
il y a eu une terrible tempête.
Une énorme vague m'a emporté. J'ai perdu ma lanterne,
et j'ai dû continuer mon voyage dans les canaux obscurs!»

«Dans les canaux obscurs!»
répète Bébé Léon, effrayé.
«Dis… Est-ce que moi aussi, je vais devoir sortir?»

«Bien sûr! On ne peut pas rester ici pour toujours.
Tu as vu comme tu es déjà grand?
Bientôt, tu n'auras plus de place.
Et puis, tu n'as pas envie de voir le grand monde?»

«Le grand monde?»
répète Bébé Léon, les yeux écarquillés.

« Moi, j'étais très curieux », se souvient Guillaume.

« Tous les jours, je frappais trois petits coups sur le ventre
parce que je voulais voir le grand monde.
Mais c'était toujours la même réponse :
Non, pas encore ! C'est trop tôt ! Tu dois encore attendre ! »

«Moi, j'ai peur!… Je n'oserai jamais sortir!»
«Tu ne dois pas avoir peur, moi je connais le chemin.

Si tu veux, je te guiderai.»

«Tu as entendu ?» dit Guillaume.
«Il y a des bruits bizarres.
On dirait des bruits de tambour.»

«Oui, je les entends tous les jours.
Mais aujourd'hui, ils sont plus forts.»
«Je crois que je sais ce que c'est…
Viens, je vais te montrer quelque chose.»

« Regarde, c'est le cœur de Maman.
C'est ici qu'elle garde tous ses trésors. »

« Oh, on est là, tous les deux ! »

Un souffle léger vient caresser le visage de Guillaume.
« Tu sens le vent qui se lève ? Il est temps de partir. »
« Allons-y ! » dit Bébé Léon qui est maintenant très impatient de voir le grand monde.

Le grand voyage commence.
Maintenant, Bébé Léon n'a plus peur.
Guillaume avance le premier, la lanterne à la main.

Guillaume aperçoit au loin une faible lueur.
«C'est ici que je dois te quitter.
La dernière étape de ton voyage,
tu dois la faire tout seul.»

Il dépose la lanterne. On ne sait jamais.
Elle pourrait encore être utile un jour ou l'autre.

Maintenant, le vent souffle de plus en plus fort.
La tempête se lève.
« Ne t'inquiète pas, laisse-toi porter par l'énorme vague…
Je t'attends de l'autre côté. »

« Réveille-toi, Guillaume. »

«On va rendre visite à ton petit frère.»

«Salut Léon, bienvenue dans le grand monde!»